Criptomoneda

La Guía Definitiva Para Comprender La Ondulación XRP

Por

Jared Snyder

directas o indirectas, que se incurran como resultado del uso de la información contenida en este documento, incluyendo, pero no limitado a, —errores, o inmisiones o inexactitudes.

Tabla de Contenidos

Introducción

Quiero darle las gracias por comprar este libro, titulado *"La guía definitiva para entender XRP Ripple. "* Como habrás notado en el propio título, este libro es una guía para ayudarte a navegar por el mundo de las criptomonedas, particularmente Ripple (XRP). Cualquiera con un ojo en los mercados financieros actuales es probablemente consciente de que 2017 fue el año en que las criptomonedas tomaron el mundo por sorpresa. Ahora, todo el mundo quiere encontrar una manera de subir a bordo de este tren, pero algunos retroceden debido al miedo de que no sepan qué hacer.

Con este libro, me gustaría decirle lo contrario. ¡Es posible que no tenga ninguna experiencia previa en el trading con criptomoneda, pero esa no es razón para que no comience de inmediato! Este libro se centra en Ripple porque creo que Ripple (XRP) tiene algo que ofrecer al mundo. Es un altcoin que ha estado escalando constantemente su camino a través de las filas y no parece estar mostrando ningún signo de detenerse en cualquier momento pronto. Operar con criptomonedas no es sólo una cuestión de conseguir una operación bloqueada

A través del curso de este libro, abordaremos varios temas que le ayudarán a entender cómo puede seguir adelante con su inversión. Comenzamos con una discusión sobre por qué uno debe considerar invertir en criptomoneda en absoluto, antes de centrar nuestro enfoque en Ripple. El resto del libro se centra en La ondulación en sí, incluyendo las formas prácticas y los medios que puede comenzar a comprar y vender XRP. Todo esto se le explicará de una manera clara y sencilla, sin que ninguna de las jergas le impida saber lo que necesita saber para empezar. La implementación práctica de su inversión puede tomar algún tiempo y esfuerzo en su momento, pero los resultados van a valer la pena. Con este libro, usted puede buscar en el mundo de la criptomoneda, y encontrarse nadando con la corriente.

¡Para llegar allí, sin embargo, primero vamos a empezar - feliz lectura!

Capitulo Uno: Comenzando: Lo básico para entender criptomoneda

Si usted no vive bajo una roca y sigue incluso algunos de los acontecimientos financieros actuales, es imposible perderse las menciones de criptomoneda. 2017 fue un gran año para criptomoneda en comparación con los otros, y 2018 no parece que va a ser más lento pronto. ¿Qué significa esto y cómo cambia esto su perspectiva en el mercado? ¿Cómo necesita empezar a percibir inversiones y cómo es su futuro financiero? Estoy seguro de que el zumbido actual alrededor de criptomoneda ha dado lugar a varias preguntas en su cabeza, y estoy aquí para ayudar a responder a algunas de ellas. Mientras que el enfoque principal de este libro va a ser Ondulación, se vuelve interesante llegar a un punto en el que usted entiende por qué es importante para nosotros centrarse en la ondulación.

Para eso, sin embargo, tenemos que ser capaces de comenzar en lo básico - tenemos que empezar en lo que la criptomoneda realmente es, y lo que tiene que ofrecer a usted antes de considerar siquiera la instancia específica de ondulación. Esta es la única manera en que obtendrá una mejor apreciación de cómo la ondulación puede cambiar la forma en que percibe el dinero. Además de esto, así es como usted será capaz de obtener una comprensión de cómo Ripple es diferente no sólo de los sistemas financieros convencionales, pero una criptomoneda destacada incluso dentro de su propio mundo.

Suena bien, pero ¿qué son las criptomonedas?

Esto puede parecer una pregunta básica para hacer dado que usted está buscando para hacer inversiones en el campo. Tal vez ya esté lo suficientemente bien leído como para saber y entender de qué se trata realmente este campo. Para el beneficio de algunos otros, sin embargo, vamos a empezar con una visión general básica de lo que criptomoneda es y puede ser. Tiende a haber una gran cantidad de charla asociada con criptomoneda, y esto puede hacer difícil diferenciar entre hecho y ficción, entre qué confiar y lo que es sólo ruido. Esto es lo que espero resolver por usted, proporcionándole una comprensión concisa de lo que son las criptomonedas.

Reducir la comprensión compleja y toda la jerga que rodea criptomoneda, y se dará cuenta de que, en el corazón de ella, se puede reducir a una forma simple. Hay entradas limitadas que se crean en una base de datos, y éstas no se pueden cambiar a menos que se cumplan ciertas condiciones para facilitar el proceso. ¿Te suena familiar? Debería – porque así es exactamente como funcionan las monedas en el mundo normal. Piénsalo por un minuto o dos, y verás a lo que me refiero. Las entidades se definen esencialmente de la misma manera. Cuando se reduce a su forma más básica, esto es lo que es el dinero, una entrada – que ha sido verificada – en alguna base de datos. ¿A qué tipo de bases de datos nos referimos? Esto puede incluir transacciones de diferentes tipos o incluso cuentas. Depende de cómo lo veas.

La diferencia entre las criptomonedas y las monedas convencionales, entonces, no reside en su definición. Esencialmente, ambos se entienden de la misma manera. Sin embargo, los mecanismos que rigen las operaciones de estas monedas son los que las diferencian entre sí. ¿Qué son las redes y transacciones de criptomonedas? Bueno, para decirlo simplemente, el mecanismo general que siguen todas las criptomonedas es el de una red de pares. Dado que comenzaron como un medio de descentralización de los sistemas financieros e Internet, esto no debería sorprenderle. Esta red de pares es entonces responsable de mantener un registro completo de cada transacción que ha tenido lugar en la red. Si bien los participantes de la transacción no son conocidos por nadie excepto las partes involucradas, la tecnología utilizada en estas redes hace posible que la cantidad de la transacción sea vista por la audiencia general. Por lo tanto, esta radiodifusión permite la creación de un sistema en el que las transacciones deben verificarse de alguna forma antes de su aprobación. Mientras que varias criptomonedas utilizan la minería para este proceso, Ripple no necesita mineros y en su lugar utiliza lo que se llama un algoritmo de consenso. Los detalles de cómo funciona esto se le explicarán en los siguientes capítulos.

Propiedades comunes de las criptomonedas

Seguridad de la identidad

Dado que no es posible vincular una cuenta criptomoneda a una identidad del mundo real, hay un gran grado de seguridad y privacidad involucradoen en el uso de estos sistemas. Su identidad está vinculada a una dirección, que es una cadena de caracteres que nadie en el mundo real puede rastrear hasta usted. Además de esto, existe el concepto de claves públicas y privadas. Nadie conoce su clave privada excepto usted, y dado el grado de algoritmos de criptografía involucrados en asegurarse de que este sigue siendo el caso, puede estar seguro de que su identidad y sus fondos van a estar seguros.

La velocidad de las transacciones

Una de las propiedades más valoradas de las criptomonedas es la capacidad de procesar transacciones a un ritmo mucho más rápido que el que los sistemas tradicionales son actualmente capaces de hacer. Por lo tanto, la confirmación puede ocurrir en cuestión de minutos – y no importa a qué ubicación está enviando estos fondos a o desde. Todo se puede procesar con la misma rapidez. Parte de este beneficio proviene del hecho de que no se puede revertir una transacción después de que se ha confirmado - y cuando digo que usted, no me refiero sólo a usted personalmente. Nadie puede revertir una transacción que se ha confirmado. En una línea similar, nadie puede impedir que utilice sin una criptomoneda en particular, ya sea , esa es su elección para hacer, y la suya sola.

Suministro limitado

Dado que sólo un suministro limitado de tokens criptomoneda está disponible en la mayoría de las criptomonedas, difieren en este aspecto crucial en comparación con las monedas fideias. Esto significa que no hay sorpresas que puedan ser surgidas sobre usted porque es posible calcular el flujo monetario y el suministro de cualquier criptomoneda en particular en un momento dado en el futuro.

Razones para considerar la criptomoneda

La inestabilidad afecta de manera diferente

Los bancos convencionales, los mercados bursátiles y los sistemas financieros se ven afectados por disturbios políticos que a menudo tienen un impacto negativo en el valor de estos servicios. Esto se debe a la dependencia establecida entre los dos tipos de instituciones en las que el éxito de una está supeditada al funcionamiento de la otra. Así que seguramente no puede ser una buena cosa para criptomoneda tampoco? Bueno, esta es la verdadera historia. No podemos decir que el impacto sea necesariamente negativo, porque las criptomonedas existen en un espacio diferente en comparación con los sistemas financieros tradicionales. De hecho, ha habido casos de inestabilidad política (y financiera tradicional) en Asia, lo que ha llevado a la oleada de algunas criptomonedas y a la caída de algunas otras. Esta falta de interdependencia debe ser un factor que considere seriamente antes de invertir, ya que puede resultar ser algo bueno en más de una manera.

No es difícil empezar

Como voy a mostrarlemás más adelante en este libro, no será demasiado difícil para usted para empezar a operar con criptomoneda. Claro, usted puede tener algunos desafíos iniciales en la configuración y el despegue, pero eso no es nada de lo que preocuparse - eso es lo que este libro está aquí para! Con una visión general detallada de este proceso, pronto ganará confianza en su capacidad para operar eficazmente usando criptomonedas, y no se deje en su camino de hacerlo.

El potencial de rendimientos

Las instituciones financieras tradicionales, como los bancos, tienen una gran cantidad de comisiones asociadas con cualquier intercambio que se enrute a través de ellos. Tomemos el ejemplo de comprar algo en una moneda extranjera; usted sabe que los bancos le van a cobrar una cantidad significativa antes de permitirle hacer la transacción en absoluto - y con el tiempo, esto se suma. Por lo tanto, no es factible depender completamente de un sistema tan convencional. Criptomoneda le da la oportunidad de cerrar esta brecha al tener una cantidad de tarifa mínima para los intercambios, lo que le anima a hacer más con sus finanzas. También rompe una barrera que quizás no te hayas dado cuenta de que te estaba obstaculizando tanto y te da la libertad de elección que realmente podrías apreciar. Esto, a su vez, le ayudará a hacer mejores inversiones para obtener mejores rendimientos, ya sea a corto plazo o durante un largo período, lo que prefiera.

Capitulo Dos: Criptomoneda Ripple

Por ahora, usted podría estar convencido sobre el poder de invertir en criptomonedas. En cuanto al potencial que estas inversiones pueden tener, usted sabe que los tiempos actuales se ven mejor que nunca. Y así, no me sorprendería si dijeras que estás buscando invertir. Esto plantea la cuestión de cómo quieres hacerlo. ¿Cómo decides qué criptomoneda es la más adecuada para ti? ¿Qué altcoin es más probable que tenga el mayor impacto en breve? Este capítulo se centrará en responder algunas de estas preguntas para usted.

Hay un montón de altcoins que usted puede elegir para centrar su atención, pero voy a hablar de uno de ellos en particular, Ondulación. De hecho, no sería exagerado decir que la criptomoneda está haciendo olas en los mercados financieros actuales y nuestras mentes, mostrando un enorme crecimiento y potencial en los últimos dos años. Este éxito ha persistido incluso cuando otras criptomonedas no han sido capaces de aferrarse a la misma, lo que hace que el altcoin particularmente notable en tiempos de fluctuaciones del mercado.

La historia y el trasfondo de Ripple

Al aprender acerca de una criptomoneda, en particular, se vuelve interesante observar de dónde vino, para ser capaz de predecir qué dirección va a tomar en el futuro.

Ripple comenzó de la misma manera que otras criptomonedas parecen haber hecho, con el objetivo de asegurarse de que los espacios financieros podrían ser descentralizados. ¿Qué significa esto? Significa que los creadores querían asegurarse de que este sistema financiero no estaba bajo la poderosa comprensión de un grupo en particular, y que ese poder se distribuía entre la interfaz de usuario.

La compañía responsable del desarrollo de la criptomoneda, Ripple (XRP) fue inicialmente conocida como OpenCoin. Hace casi quince años, Ryan Fugger se le ocurrió la idea de que las personas necesitan ser libres para crear sus espacios financieros y sistemas monetarios, y necesitarían ayuda para hacerlo. Esto condujo a la creación de la primera iteración o forma de ondulación, en 2004, aunque la importancia y asociación de esto no se entendieron completamente entonces. Varios años más tarde, Jed McCaleb diseñó un sistema monetario que era diferente de las opciones que la gente tenía disponible para ellos entonces. Esta diferencia se observó en la forma en que se confirmaron las transacciones. La verificación la harían los miembros de la comunidad, lo que significaría que esto es un paso más cercano a la creación del espacio descentralizado que querían. McCaleb, junto con Chris Larsen, fundó la compañía en 2012. Varios cambios de nombre más tarde, en 2015, la compañía fue finalmente referida por el nombre que conocemos por ahora, Ripple. Además de ejecutar actualmente su red de forma independiente, Ripple también obtuvo una licencia para ser considerada una moneda virtual y ahora es un servicio disponible registrado.

La ondulación necesita ser entendida en dos niveles separados entonces – no sólo es una moneda digital, pero el término también se utiliza para referirse a la red que fue construida para facilitar el proceso. Con el objetivo final de descentralizar finalmente Internet, Ripple todavía está trabajando en la liberación de la moneda virtual que ha creado – y puede crear – en fases. Esto garantizará que haya un nivel de estabilidad asociado con las transacciones, y ninguna persona podría aprovechar demasiado el sistema en un momento dado.

Características del diseño de Ripple

Lo interesante de Ripple es que los factores de diseño asociados a él son similares a los de los bancos, y sin embargo tienen sus diferencias únicas. Es importante destacar que las transacciones que se producen a través de Ripple son facilitadas por las puertas de enlace de Ripple, que comparten el marco XRP que se desarrolló. Sin embargo, Ripple también se asocia con la legalidad del proceso. En el caso de algunas transacciones, es posible que se deban proporcionar algunos detalles de ID antes de que sea posible realizar una transacción. Esto podría activar algunas campanas de alarma en la cabeza, ¡pero no te preocupes! Sus datos nunca se ponen a disposición de una parte externa, ya que se utilizan únicamente para estos casos específicos de verificación. A la luz de la comprobación de la comunidad de las transacciones, debe recordar que solo los detalles de la transacción se ponen a disposición del público, no las personas o partes involucradas en las transacciones en sí. De esta manera, su privacidad también está garantizada durante el proceso.

Además de esto, una diferencia importante entre Ripple y otras criptomonedas también radica en la posibilidad de minería – o bien, la falta de ella. Mientras que otras criptomonedas dependen de la minería para validar la transacción, lo mismo no es cierto en el caso de Ripple. En su lugar, Ripple se ejecuta en un sistema de uso de un libro mayor común para la verificación e intenta llegar a un consenso a nivel de comunidad para determinar si una transacción va en el libro mayor. Este consenso se conoce como una supermayoría, y lograrlo es un requisito – si no sucede la primera vez, el proceso se repite hasta que se logra una supermayoría. Esto garantizará que la aprobación de las transacciones no pueda monopolizarse de ninguna forma.

Otro protocolo utilizado por Ripple es similar al de las criptomonedas que ya existen en el mercado. De esto, características notables incluyen el hecho de que el protocolo es de código abierto y está destinado a permitir transacciones a mayores velocidades. Para ilustrar este punto, Ripple apunta hacia la forma en que percibimos el intercambio de información en Internet – esperamos que suceda en tiempo real y tan rápido como podamos imaginar. La compañía espera lograr lo mismo utilizando Ripple, para los sistemas financieros y los valores. Esta eficacia forma parte importante de cómo Ripple se posiciona en el mercado. Además de esto, Ripple también tiene como objetivo mejorar los métodos tradicionales de transferencia de divisas a través de la eliminación de las tarifas asociadas con la transferencia de divisas. De hecho, el gigante emergente quiere dar forma a la forma en que comenzamos a ver los sistemas financieros en el futuro y está dando pasos para facilitar lo mismo.

La usabilidad de Ripple

Debido a su posición única en el mercado de criptomonedas, Ripple tiene varios casos de uso que incluyen, pero no se limitan a, su papel como criptomoneda. Para distinguir fácilmente entre la red y la moneda, me referiré a la red como RippleNet, mientras que la moneda se designa utilizando XRP.

Comencemos con una discusión sobre cómo la moneda digital asociada con las tarifas de Ripple (XRP). A través de las ventajas institucionales de que dispone, Ripple ya se posiciona de manera óptima a través de su conexión con los bancos. Además, también ha obtenido la licencia que necesita para que el proceso de liquidación se produzca mucho más rápido y más rápido. Como explicaré más adelante, Ripple se enorgullece de la seguridad, la velocidad y la estabilidad, y esto es muy ventajoso para los participantes por varias razones. Por un lado, XRP funciona mucho más rápido que las otras criptomonedas en el mercado, haciendo que el proceso también sea inmediato. Dado que también fue diseñado para hacer frente a cargas a nivel de instituciones, puede proporcionar un alto grado de estabilidad cuando se lleva a cabo este proceso.

Dado que mencioné el caso de las instituciones permítanme abordar brevemente el tema antes de elaborarsobre él en el siguiente capítulo sobre las razones por las que debería considerar el trading con Ripple. RippleNet ha facilitado el proceso de pagos en cerca de 30 países. El alto grado de seguridad asociado con Ripple también significa que los bancos ahora pueden considerar expandirse a regiones a las que no podrían haberse acercado previamente. También crea una oportunidad de crecimiento en el sector a través de la creación de diferentes mercados. Todo esto está en línea con el protocolo de pago y el proceso legal que lo rodea, lo que legitima estas transacciones en primer lugar y garantiza que todas las personas de todo el mundo tengan una experiencia similar.

A nivel del individuo, el protocolo de Ripple facilita el proceso de cambio de divisas y transferencia también. Los niveles proporcionados a los bancos también se proporcionan a nivel del cliente. Por lo tanto, tiene un alcance similar incluso a escala individual en todo el mundo. La opción de realizar transacciones personales y a escala corporativa a través del mismo marco es atractiva para muchos individuos. Además de esto, el proceso se hace más seguro para un individuo a través de la transparencia involucrada en el proceso de remesa, y a través de una mayor accesibilidad a varias instituciones financieras a la vez.

Capitulo Tres: Por que deberías considerar invertir en Ripple

Ahora que conoces la interesante historia asociada con Ripple, es hora de que pasemos al siguiente paso. Claro, todos somos conscientes de que las criptomonedas son una opción de inversión interesante y pertinente a tener en cuenta en estos días, pero ¿por qué Ondulación en particular? El mercado de criptomonedas es uno que parece estar inundado de opciones en estos días, con mucho más que se introduce. En tales casos, ¿cómo se decide cuál de las opciones tiene la posibilidad de obtener mayores rendimientos para usted? ¿Cuál de ellos es un riesgo de inversión que vale la pena tomar? Estoy seguro de que todas estas preguntas están corriendo en su mente mientras mira el mercado. Este capítulo le ayuda a lidiar con esas preguntas presentándole la variedad de razones por las que debe considerar Ripple.

Las criptomonedas han aumentado particularmente en cuanto a popularidad en el año 2017 – el último año fue de hecho amable para el mercado. El público en general ha comenzado a tomar nota de estas opciones disponibles para ellos y poco a poco está empezando a darse cuenta del potencial que se asocia con tales inversiones. Esta creciente sensación de popularidad tiene un efecto circular : no sólo su crecimiento hizo que las criptomonedas sean más visibles, sino que la visibilidad de estas monedas las ha hecho más propensas a ser adoptadas por el público en general, alimentando así su crecimiento. Famosamente, algunas monedas se han beneficiado de esto, y cryptocurrencies como Bitcoin, Ethereum y Litecoin – más comúnmente conocido por la persona promedio – han aumentado enormemente en valor.

Ahí radica el problema de hacer inversiones que todos los demás están haciendo, tienes la oportunidad de tener que pagar mucho más por la misma moneda. Ahora, si usted estuviera en el mercado para las primeras etapas de desarrollo criptomoneda, y había invertido en ellos entonces, las cosas habrían sido diferentes. Usted podría haber obtenido Bitcoins o éteres para un valor significativamente más bajo, que no habría hecho una abolladura en su bolsillo. Además, si el patrón de crecimiento hubiera sido el mismo que se observó en los últimos años, se podría decir mucho sobre los rendimientos que podría haber obtenido. Pero la situación actual no se presenta de esta manera. Claro, hay una gran cantidad de ganancias que podría soportar para ganar incluso si usted invierte en estas criptomonedas ahora, pero esa inversión no va a ser barato para usted. Y ahí está el problema.

Usted puede estar seguro de que estas criptomonedas mostrarán algún nivel de crecimiento en breve, pero ¿cuánto tiempo va a durar? ¿Serán capaces de hacer frente a las otras monedas emergentes, y quién va a ganar la batalla de los gigantes financieros? Habida cuenta de que su respuesta a esta pregunta está atada con al menos cierto grado de incertidumbre, ¿no sería más práctico no arriesgar una inversión muy pesada ante la esperanza de un rendimiento que puede o no ser satisfactorio? Esto sirve como una explicación de por qué la gente está buscando para hacer inversiones alternativas - el tiempo seguirá su curso con algunas de estas criptomonedas populares, y le haría bien estar listo con los reemplazos en su lugar. Entonces, ¿qué haces en estos casos? Busque la criptomoneda que es más probable que sea grande, por supuesto. Casi siempre, esto se conoce como ser la búsqueda del siguiente "Bitcoin."

¿Y por qué te estoy contando todo esto? Porque Ripple ha surgido como un importante competidor en el campo, particularmente en el año 2017. La gente ha empezado a tomar nota de que el sistema financiero hace olas en el mercado, y no es uno que deba ignorar. Considere esto, el valor de ondulación subió casi 4000% en el año 2017 solo. En pocas palabras, eso es mucho. Imagínese ser uno de los primeros inversores y obtener un beneficio de x3700 veces el dinero que usted pone en este mercado. Ese sería el sueño, ¿no? Bueno, ese es un sueño que se hizo realidad para varias personas en el pasado reciente, y no hay razón para que Ripple no siga creciendo como lo hace. El inmenso potencial de crecimiento que Ripple tiene es sólo una de las razones para invertir en la criptomoneda.

Debido a la forma en que Ripple se está posicionando en el mercado, hay una experiencia transformadora para los usuarios y el público en general. Esta experiencia es de cambio: cambio en la forma en que vemos los sistemas financieros tradicionales y un cambio en la forma en que vemos las criptomonedas en general. Hay factores asociados con la ondulación que hacen que se destaque de ambos sistemas de los que forma parte. Muchas personas no se dan cuenta de que la experiencia transformadora se debe a sí misma; en parte al menos, a cómo Ripple está temblando y cambiando las cosas. Ripple tiene el potencial de redefinir cómo las empresas y los bancos se comportan, un hecho que se va a dejar claro cuanto más le explico la situación. Al final de este capítulo, espero que te des cuenta de cuánto potencial tiene Ripple, y considera hacer la inversión que muy bien podría cambiar tu vida.

Como mencioné anteriormente, Ripple quiere cambiar la forma en que vemos las transacciones y los pagos, así como la velocidad a la que se producen. Su objetivo es que este proceso se realice en tiempo real, permitiendo el intercambio de dinero entre personas que no está vinculada a qué servicios del banco están utilizando, o dónde se encuentran geográficamente. La red es sostenida por sí misma forma de moneda digital, XRP – es decir, si usted dice que está comprando Ripple, usted está comprando XRP que es parte de la red de ondulación. De esta manera, se hace imposible para usted considerar XRP independientemente del marco que Ripple ha construido para apoyarlo. Por lo tanto, la empresa y la moneda se conocen como ondulación. Fue desarrollado como una criptomoneda que podría ir más allá de realizar los roles simples de una criptomoneda, a través de cómo la propia red podría dar forma a nuestra comprensión de los sistemas financieros.

Es con esta comprensión del doble papel que desempeña Ripple que entramos en la comprensión de los otros beneficios de invertir en ondulación. Es importante que recuerde esto porque esto es lo que lo hace diferente de las otras criptomonedas en el mercado por ahí. Además de esto, varias personas reconocidas en la industria criptomoneda han respaldado la propia red de Ripple. Además de su popularidad, está ganando con los propios bancos, para hacer el proceso transaccional más suave. ¿Cómo se logra todo esto y qué significa? Bueno, sigue leyendo y averia.

Conexión de Ripple con los bancos

Por supuesto, no es del todo posible eliminar todo el uso que tenemos para los bancos – esto es debido a la forma en que se ven los sistemas financieros actuales. Va a tomar mucho tiempo antes de que las criptomonedas lleguen a la etapa donde se ven de una manera que facilita los procesos bancarios, así. Esto ciertamente no va a suceder al ritmo antinatural que varias personas parecen imaginar que va a tomar. Esto se debe a que muchas personas con un interés en las criptomonedas parecen pensar que la totalidad de tal adquisición tiene la posibilidad de ocurrir dentro de uno o dos años. Ahora, eso no es cierto, y suponiendo que sea el caso sólo puede conducir a la decepción de las expectativas de muchos.

Sin embargo, le hará bien notar el lado positivo de esta situación – las cosas definitivamente están cambiando. Las criptomonedas se han establecido en nuestro mundo de una manera que hace imposible seguir mirando un mundo donde esto ya no será el caso.

Los lazos entre el mundo tal como lo conocemos, y la influencia de las criptomonedas, sólo están aumentando día a día. Tomemos el ejemplo de Ripple, que ha logrado adquirir el negocio de más de diez bancos y ha captado el interés de varias otras instituciones financieras que ahora buscan hacer lo mismo. Esto no es convencional incluso para una criptomoneda porque la adopción de tales protocolos y sistemas por el mercado tradicional tiene mucho que decir sobre la calidad de los servicios que se ofrecen. Dado que esta adopción es cada vez más común por el día, no sería un estiramiento decir que ripple tiene potencial de crecimiento por encima de otras criptomonedas. Ofrece acuerdos que no sólo los individuos, sino incluso las instituciones, no pueden rechazar. Mediante el uso de su protocolo de intercompromiso, Ripple está haciendo que las transacciones financieras sean significativamente más baratas para los bancos, y eso no es algo que los bancos puedan optar por ignorar. Por lo tanto, es lógico que Ripple sólo va a ganar popularidad en el futuro. Como una extensión, cuanto más aumentan los casos de uso para los protocolos de ondulación, más ondulación en sí va a aumentar en valor, por lo que es una inversión que vale la pena considerar seriamente.

Protocolo de Ripple

El protocolo de Ripple, que antes me refería como el Protocolo de Interpledge, tiene algo interesante que ofrecer. En cuanto a cómo se utiliza, tiene un lugar único en el mundo de la tecnología blockchain. Por supuesto, todos somos conscientes de que hay problemas relacionados con el tiempo y la privacidad con los sistemas financieros que se utilizan actualmente en todo el mundo. Aquí es donde el protocolo de interpledge parece intervenir y marcar la diferencia. Lanzado en 2015, el protocolo permite a cualquier persona que tenga cuentas en dos libros de contabilidad diferentes formar una conexión entre los dos. El gráfico de liquidez así creado se conoce como el intercompromiso. Dado que no se basa en ningún sistema en particular para procesar los pagos, se cierra una brecha importante que antes no se había considerado. Además de esto, la adición de conectores y libros de contabilidad puede acelerar la tasa de transacciones facilitada por el proceso, dándole un gran potencial de crecimiento.

Con la conciencia de que estas transacciones pueden ocurrir a nivel de criptomonedas, monedas reales, o incluso otras formas, Ripple ha permitido espacio para el mismo. Mientras tengas algo que tenga algún valor, hay un camino disponible para su intercambio de una manera segura y segura. Por lo tanto, va más allá del papel convencionalmente esperado de la misma, demostrando ser útil a escalas individuales e institucionales.

El rendimiento de Ripple en comparación con sus homólogos

Ripple tiende a centrarse en mejorar aspectos específicos de su tecnología blockchain, al igual que las otras criptomonedas. El enfoque que Ripple utilizó para establecerse en la industria es el de la velocidad, la seguridad y la escalabilidad, y por ahora, es posible que haya notado la importancia que atribuyen a la escalabilidad. Como el aspecto de seguridad de Ripple ya ha sido discutido, me centraré en la escalabilidad y la velocidad en esta sección.

El algoritmo de Ripple está diseñado de tal manera que permite el consenso de una transacción en alrededor de cuatro segundos. Compara esto con los otros gigantes de la industria, y Bitcoin tarda cerca de una hora en lograr lo mismo, mientras que Ethereum tarda alrededor de 3 minutos. Esto significa que la velocidad de Ripple ya está millas por delante de lo que los otros competidores pueden ofrecer. Además de esto, Ripple es escalable. También debe tenerse en cuenta la capacidad de tratamiento de las transacciones. Mientras que Ripple puede procesar alrededor de 1500 por segundo, Bitcoin camina detrás miserablemente en alrededor de seis. Con este grado de diferencia en los competidores en el mercado, no es de extrañar que más personas se están moviendo a una criptomoneda emergente como Ripple.

Equipo de Ripple

Para que una criptomoneda tenga éxito, necesita ofrecer varias cosas: necesita posicionarse con respecto al desarrollo, el diseño, las oportunidades de inversión, etc. Es muy posible que un equipo talentoso de desarrolladores pueda quedarse atrás, ya que no sabían cómo encontrar los financiadores adecuados para el desarrollo del proyecto. Sin embargo, este definitivamente no fue el caso con Ripple. Dado que McCaleb y Larsen ya estaban establecidos previamente en el mundo de las criptomonedas, se hizo mucho más fácil tomarlos en serio, ya que sabían de lo que estaban hablando. Por lo tanto, Ripple recibió una cantidad muy alta de capital de riesgo inicialmente, y las perspectivas de financiamiento no han cambiado desde entonces. A medida que más personas se están dando cuenta de los beneficios que Ripple tiene en oferta, están dispuestos a invertir su dinero en respaldarlo también.

Ahora que usted es consciente de las varias razones por las que debe invertir en ondulación; la segunda mitad de este libro se centra en los aspectos prácticos del proceso. ¿Cómo está buscando el futuro el trading con XRP Ripple? ¿Cuáles son las estrategias que debe considerar para adaptarse para operar con éxito con Ripple, tanto a corto como a largo plazo? ¿Cómo se inicia el proceso? Todo esto y más se tratará en las siguientes secciones del libro.

Capitulo Cuatro: ¿Como es el Trading con Ripple?

En este capítulo, comenzamos la segunda mitad del libro, que trata sobre formas prácticas de entender XRP. Esto se basará principalmente en la ondulación criptomoneda (XRP) y no RippleNet porque como alguien interesado en invertir, usted querrá mirar los beneficios que Ripple ofrece a los individuos, no a las instituciones. Esto incluye información sobre el análisis a corto y largo plazo, así como la comprensión de la reflexividad de XRP para obtener una comprensión general de lo que va a ver en breve. Después de esto, los capítulos se centrarán en realmente empezar a operar, cómo puede hacerlo y qué estrategias debe adoptar para maximizar su beneficio.

Análisis

Esta sección se centra en proporcionar un análisis a corto plazo y perspectivas a largo plazo para la ondulación (XRP). Los números a corto plazo se ven bien para Ripple. Esto se debe a que, durante el tiempo de escribir esto (mediados de febrero de 2018), Ripple ya había sido capaz de recuperarse después de una caída que él y muchas otras monedas en el mercado habían enfrentado. Por otra parte, Ripple volvió con fuerza, ganando más de 30% en sólo una semana de trading que siguió. Uno debe considerar la situación en la que la ondulación podría ser sobrecomprada debido a las reacciones del mercado que se observaron, o si algún experto los apoya fuertemente, pero eso no es razón para dejar de comprar. Esto es cierto mientras el mercado siga viendo una mejora de la forma en que lo hizo. ¿Qué significa esto para el largo plazo y cómo está buscando ondulación en el futuro? Bueno, para responder sucintamente, se ve bien.

La moneda parece crecer día a día, con la última capitalización de mercado de Ripple; en el momento de la escritura, este libro era de $46 mil millones. No hay razón para que esto se detenga pronto. Por otra parte, en la semana pasada en sí, la moneda comenzó en $0.96 y terminó en un fuerte $1.19. Las asociaciones que Ripple ha estado haciendo con instituciones financieras de todo el mundo sólo están ayudando con el proceso. Uno de los factores que han afectado a esto, en particular, es el vínculo que tienen ahora con Western Union. Puede haber algunas líneas de resistencia en breve, particularmente cuando el valor de la moneda es alrededor de $1.25. Sin embargo, siempre y cuando supere eso, y la marca de $1.35-1.5, a pesar de la resistencia que está enfrentando, se ve bien para Ondulación. Esto es cierto, especialmente si Ripple sigue anunciando estratégicamente alianzas con empresas de todo el mundo.

El éxito de XRP – y el éxito en el tiempo venideros puede al menos en parte atribuirse a las empresas e instituciones financieras con las que se está asociando. Los casos de uso de Ripple sólo parecen estar aumentando. Esto se debe a que estas instituciones pueden ver que los marcadores de éxito de la ondulación están siendo recibidos por el equipo con un gran enfoque en la tarea. Los marcadores de ese crecimiento incluyen el crecimiento en diferentes áreas, como garantizar que la liquidez sea más fácil de obtener y facilitar la disponibilidad de espacios de mercado con fines comerciales, así como ampliar el alcance geográfico para abarcar una gama más amplia de ubicaciones.

Las instituciones financieras parecen estar cada vez más convencidas de la posibilidad del éxito de Ripple. Por ejemplo, la mayor compañía de servicios financieros en Japón ha decidido que Ripple sea uno de los listados en las monedas virtuales. Lo sorprendente es que hasta ahora es la única moneda virtual que se digna a ser listada a este efecto. El equipo de Ripple cree que esto les ayudará a cumplir su objetivo de facilitar transferencias de dinero más rápidas a tasas más baratas, y atribuir a SBI Virtual Currencies como uno de los principales factores que van a influir en él. Además de esto, Ripple también se ha asociado con instituciones principales, como Western Union (como se mencionó anteriormente) y MoneyGram. Por lo tanto, en cuanto a la perspectiva actual del mercado se está considerando, puede haber fluctuaciones, seguro – pero eso es normal para cualquier criptomoneda. La dirección general en la que Ripple parece estar dirigiéndose es hacia arriba.

Espero que el análisis a corto plazo y las perspectivas a largo plazo que se presentan en la misma sección le ayudaron a entender la diferencia entre los dos y el tipo de influencia que tienen. Es más probable que un análisis a corto plazo le ayude a considerar inversiones inmediatas y le ayude a establecer un patrón que facilite algún tipo de predicciones. Es probable que estas predicciones le ayuden con sus estrategias de trading a corto plazo. Por otro lado, dar una idea de las cosas que el software de la empresa, no la moneda, espera lograr - y está logrando, indica lo popular Ondulación va a ser pronto. Si estas asociaciones continúan de la manera en que están actualmente, no hay razón para suponer que Ripple irá a cualquier lugar, pero hacia arriba. Esto, además de su propensión a cumplir con las regulaciones gubernamentales, es decisivo en su perspectiva a largo plazo.

Reflexividad en XRP

La perspectiva de trading para Ripple se ve afectada por la reflexividad XRP. ¿Qué significa esto? Esto significa que hay un efecto circular entre el aumento de precios en XRP y las expectativas que los inversores parecen estar teniendo de la criptomoneda. Es decir, un aumento en el valor de Ripple XRP significaría un mayor conjunto de expectativas de aquellos que han invertido en ondulación. A su vez, esto influye positivamente en el valor de la moneda XRP, porque han logrado señalar que están cumpliendo con los objetivos que se propusieron por sí mismos. Lo que parece particularmente interesante para Ripple en este momento es que está satisfaciendo estas demandas, lo que significa que el valor de XRP está buscando aumentar en breve. Además, cuantas más instituciones financieras y servicios pueda asociarse con Ripple, más probable es que la señal enviada sea de confianza.

Otra influencia que esto tendría es que en el comprador común - la demanda de XRP aumentaría como resultado, y más personas pueden optar por adoptar XRP. Además de esto, factores como la liquidez y el alcance del mercado están aumentando como consecuencia, lo que también haría bien en impulsar su imagen en el ámbito institucional. La adopción de Ripple por las instituciones también puede facilitar una mayor confianza por parte del inversor cotidiano, un ejemplo más del posible efecto circular que se puede observar.

Además de esto, la opinión de expertos y otros factores influyen en el ruido del mercado sobre XRP. Para una inversión, por supuesto, usted debe estar buscando para ahogar el ruido y llegar directamente a los hechos del asunto. Sin embargo, toda la especulación que rodea a XRP puede ser algo bueno, ya que esto influiría en la opinión del mercado al menos en algún nivel. Ahora considere los efectos circulares que mencioné en los párrafos anteriores, y se dará cuenta de que esto significa que habrá un efecto potencialmente positivo en el valor de Ripple XRP. El tiempo que esto tomará es algo que está por verse, pero las cosas se ven bien de hecho.

Perspectivas generales

Mirando el panorama general también dará una idea de lo sabio que es invertir en ondulación. La inversión parece que tiene un montón de potenciales – y esto se puede deducir de los patrones de trading que mencioné brevemente en las secciones anteriores de este capítulo. Hace apenas 24 meses, Ripple no había sido tomado en serio y apenas era considerado un competidor en el bullpen de las criptomonedas. Dado que se lanzaron tantos nuevos con regularidad, no era necesario observar que se diera a conocer uno en particular para el éxito. Pero esto ha cambiado drásticamente. En un momento de 2017, el precio de la moneda fue más de $2, lo que indica un salto en el valor que fue extremadamente drástico. Si bien ha habido estabilidad del mercado desde el crecimiento que Ripple ha estado mostrando es algo que uno necesita apreciar. Sin embargo, cuando usted hace estas inversiones, usted necesita tener cuidado con las fluctuaciones observadas en el mercado - e invertir sólo tanto como usted está de acuerdo con perder.

A pesar de todas las preocupaciones sobre la volatilidad, varios expertos que confían en Ripple creen que va a durar su período de balanceos - y salir de ella con un mayor valor. Esto también se puede deducir del número de instituciones corporativas que están estableciendo su confianza en Ripple. Dado que el protocolo y el software están recibiendo tanta confianza, ¿no existe una posibilidad significativa de que XRP muestre un crecimiento y ganancias similares? Bueno, si los patrones que observamos en la primera sección son cualquier indicación, no hay razón para creer lo contrario. Otra cosa a tener en cuenta es que el precio de XRP hace que sea mucho más asequible considerar como una opción de inversión - se puede obtener precios de monedas que son $2 o menos; contraste que con el valor de Bitcoin, y usted verá lo que quiero decir.

Capitulo Cinco: Comencemos con Ripple

¡Ahora que hemos entendido lo que es Ripple - lo único que queda para que usted pueda hacer es empezar a invertir y operar! Es posible que te sientas un poco nervioso inicialmente, o que sientas que la tarea es un poco difícil, ¡pero no te preocupes por ello! Pronto te acostumbrarás. Recuerda, tienes la oportunidad de ganar tanto con Ripple, no dejes que tu miedo te detenga. ¡Ahora empecemos!

Coinbase es un popular intercambio de cripto-intercambio disponible en línea que se ha utilizado comúnmente para Bitcoin y Etereum. Mientras que Coinbase actualmente no tiene Ripple entre sus listados, está planeando cambiar eso muy pronto - y una vez que lo hace, usted será capaz de utilizar Coinbase para hacer sus inversiones, así. Mientras tanto, hay varios otros intercambios disponibles para que usted pueda comprar Ondulación de, y voy a elaborar sobre algunos de ellos y cómo se puede empezar en la sección de abajo.

Obtención de ondulación (XRP)

Parte de la razón por la que Ripple ha ganado tanta popularidad es la confianza que ha establecido con las instituciones financieras en varios países de todo el mundo. Además de esto, más personas están empezando a darse cuenta de las ventajas de invertir en criptomoneda y volverse hacia eso en su lugar - haciendo criptomonedas más populares en general. Estos factores están impulsando la popularidad de Ripple, lo que significa que ya tiene la ventaja sobre algunos de sus competidores. Por lo tanto, definitivamente tiene razón al pensar que Ripple podría ser la inversión correcta para que usted pueda hacer. Aquí hay algunos intercambios que puede utilizar para invertir en ondulación.

Kraken

Kraken es uno de los intercambios que ya han sido listados en el sitio web oficial de Ripple. El intercambio de cripto fue creado en 2011 y por lo tanto es un intercambio bien establecido que es popular entre sus usuarios. El proceso para crear cuentas en los intercambios criptográficos tienden a ser similares entre sí, aunque se benefician de conocer las diferencias, por lo que sabe exactamente cómo utilizar estos intercambios. El proceso básico es el siguiente: debe proporcionar sus datos, verificar su cuenta, transferir el número de fondos que desea invertir y, a continuación, usar esa suma para comprar XRP.

Con Kraken, la verificación es un proceso de cinco pasos por sí mismo. Todo lo que necesita hacer para comenzar es introducir su dirección de correo electrónico. Sin embargo, esto no significa que pueda empezar a comprar o crear transacciones en este momento. Hay varios niveles de cuentas que puede crear con Kraken, marcados mediante niveles. Los más comunes son los niveles 1 y 2. La diferencia entre estos es dos es la capacidad de operar con monedas fideias. Aunque una cuenta de nivel 1 no le permite hacerlo y le limita a monedas digitales, una cuenta de nivel 2 le permite utilizar monedas digitales y fideias. Ambas cuentas requieren información adicional para ser dada también. Por ejemplo, su nombre, país de residencia, fecha de nacimiento y número de teléfono son necesarios para una cuenta de nivel 1, mientras que el detalle adicional de su dirección es necesario para una cuenta de nivel 1. Esto significa que usted está obligado a tener una identificación gubernamental autorizada para usar este intercambio.

Como resultado, Kraken es conocido por la legitimidad de sus usuarios y tiene una reputación de la misma. Además de esto, el monto del depósito requerido es mínimo, los tipos de cambio se perciben como razonables, y el costo para poder realizar transacciones es bajo. Los comentarios de servicio al cliente para este intercambio parecen ser buenos, así, con su alcance en todo el mundo. Sin embargo, es necesario tener en cuenta que las opciones que tiene para el pago en este intercambio tienden a ser bastante limitadas. Por otra parte, la interfaz de usuario no es la más intuitiva, y esto podría hacer que sea un poco confuso para un principiante como usted.

Otros intercambios criptográficos

Mientras Ripple no está disponible en Coinbase por el momento, no deje que distraiga del hecho de que hay varios otros sitios web que hacen posible este intercambio. Estos incluyen GateHub, Coinone, Bitstamp, Poloniex, y así sucesivamente. Poloniex es otro intercambio popular para las personas que buscan el trading con Ripple. Tiene su propio conjunto de ventajas, así, en que el préstamo BTC es posible, una gran cantidad de comercio se produce en el intercambio y, lo que es más importante, el hecho de que es fácil de usar. La tasa de negociación en el intercambio también es bastante baja, lo que hace que sea una opción bastante atractiva. Sin embargo, la desventaja de Poloniex es que el servicio de atención al cliente que proporciona puede tardar mucho tiempo. Además de esto, no se puede operar en Poloniex utilizando monedas fideias. Es posible que desee considerar invertir en BTC con el único propósito de facilitar estos intercambios, pero esa es una opción que tiene que hacer. Hay varios intercambios disponibles que le permiten comprar XRP sin tener que hacer lo mismo - y depende de usted cuál de estos desea seguir adelante con. Aún así, hay algunos factores que debe tener en cuenta antes de elegir un intercambio.

Factores a tener en cuenta

Dada la amplia variedad de opciones para los intercambios disponibles para usted, puede llegar a ser bastante confuso considerar lo que podría funcionar mejor para usted. Hay ciertos factores que debe tener en cuenta antes de seleccionar qué intercambio funciona mejor para usted, y estos se enumeran para usted a continuación.

Honorarios

Los intercambios tienden a tener diferentes niveles de tarifas, que van desde las tarifas de retiro a las tasas de cambio, y así sucesivamente. También tienden a diferir en sus políticas con respecto a cómo deben tener lugar los depósitos, y si ofrecen o no ofertas para hacer algo de esto más fácil para usted. En medio de todo esto, usted necesita ver cuáles son las tarifas de transacción - para que pueda estar seguro de que obtiene la mejor oferta por ahí para usted. La información sobre las tarifas y políticas debe estar fácilmente disponible para usted en el sitio web del intercambio, o después de una búsqueda rápida.

Reputación

Esto debería ser igualmente fácil de comprobar. Un buen marcador de lo bueno que es cualquier producto lo que sus usuarios tienen que decir al respecto. Por lo tanto, es simple: busque información sobre esos intercambios. ¿Qué tiene que decir la gente que lo usa? ¿Los expertos parecen preferir el intercambio que está favoreciendo actualmente? Mirando sitios web, revistas técnicas e informes, ¡y comentarios para ayudarle a obtener las respuestas que necesita!

Opciones de pago

Esto puede parecer una cosa tonta a tener que considerar, pero hay algunos intercambios que no le ofrecen la amplitud de las opciones de pago que necesita. Usted necesita tener sus opciones, que van desde tarjetas de crédito a transferencias bancarias - ya que usted estará eligiendo la opción que es más conveniente para usted. Algunos intercambios pueden cobrar tasas de transacción más altas por el modo de pago que prefiera, y eso simplemente no funcionará. Además de esto, su intercambio de opciones también debe ser capaz de facilitar los servicios más rápidos posibles para usted - parte de esto viene de proporcionarle las opciones de pago correctas.

Geografía

Por supuesto, no hace falta decir que necesita un intercambio que funcione en el país de su residencia. Hay algunos intercambios por ahí que sirven a una base de usuarios muy específica y por lo tanto están disponibles sólo en esa región. Además de esto, existe la posibilidad de que las opciones de servicio sean limitadas en algunas naciones para algunos intercambios que usted puede elegir. Asegúrese de que puede acceder a toda la gama de funciones en su país de residencia antes de elegir un intercambio.

Verificación

Usted podría pensar en este proceso como un poco engorroso – pero la verdad es que ayuda a prevenir robos y estafas hasta cierto punto. Por lo tanto, podría ser para su beneficio elegir un intercambio que requiera que verifique su identificación. El proceso debe, en promedio, tomar un par de días para completar, pero después de eso, usted será capaz de utilizar su cuenta. Además, usted tendrá la comodidad de saber que usted está haciendo su parte para asegurarse de que no se estafa.

Almacenamiento de ondulación

Ahora que usted sabe cómo se obtiene ondulación (XRP) para el comercio con él, el siguiente paso se convierte en aprender cómo se puede almacenar la criptomoneda para su uso futuro. Ahora, la moneda digital podría no existir de forma física, pero sus operaciones y manejo son similares a los de la moneda convencional. ¿Qué significa eso? Bueno, para decirlo simplemente, para almacenar el XRP que ha obtenido, usted va a utilizar una cartera - al igual que sería para la moneda fiat. Y al igual que es importante para usted proteger la moneda física que tiene a mano, por lo que es importante asegurarse de que está almacenando su XRP de forma segura. Lo más arriesgado que hacer en una situación como esta sería dejar los tokens XRP en la cuenta de intercambio - esto lo hace vulnerable a la amenaza de piratería, y usted no quiere perder ninguna de sus inversiones de esta manera. ¿Cuáles son las opciones disponibles para que usted pueda hacer de otra manera y salvaguardar su inversión? Bueno, tu mejor opción sería usar un servicio de billetera XRP y almacenar Ripple allí.

Esencialmente, un monedero XRP le permite almacenar claves privadas y públicas de una manera segura mientras que ser capaz de monitorear los saldos de su cuenta, así. Además de esto, su interacción con diferentes carteras blockchain ayuda a los usuarios a enviar y recibir XRP, como quieran. Sin embargo, mientras que otras criptomonedas tienen opciones de cartera disponibles de forma gratuita, lo mismo no es cierto para Ripple. Usted está obligado a tener un mínimo de 20 XRP en su cuenta para confirmar su XRP – sin embargo, este es un requisito de una sola vez cobrado sobre usted, y usted no tendrá que satisfacer esta demanda cada vez.

Además de esto, al igual que comparó los intercambios con el fin de averiguar lo que funcionaría mejor para usted, es necesario aplicar un proceso similar para elegir una cartera, así. Las tarifas de transacción son un servicio importante para buscar – trate de asegurarse de que es lo más baja posible. Obviamente, como el propósito de una cartera es proporcionarle una opción de almacenamiento seguro, es necesario mirar el grado de seguridad que ofrece. El tipo de billetera que elija determinará el número de características de seguridad que tendrá. Para entender, los tipos de carteras disponibles se pueden dividir en cuatro tipos básicos.

Carteras de papel

Una billetera de papel es la forma más básica de opción de almacenamiento disponible para usted, y es extremadamente antigua. Lo que hace es escribir su clave privada en una hoja de papel y luego colocar esta llave en una caja de depósito segura. Es posible encontrar equivalentes en línea para este proceso – sin embargo, que haría que este tipo de cartera (y por extensión, su clave privada), vulnerable a la piratería.

Carteras de hardware

El almacenamiento en frío es elegir la opción de almacenar su clave privada en un dispositivo que no está conectado a Internet. Como consecuencia, estas carteras son seguras, y se asegura de que no haya interacción con Internet. Una cartera de hardware funciona de forma similar al uso de una memoria USB.

Carteras de escritorio y móviles

Este tipo de carteras se instalan directamente en el dispositivo de su elección. Mientras que una cartera de escritorio le da la opción de pCs y portátiles, necesitará un cliente criptomoneda para este propósito. Además de esto, se le pedirá que sincronice las transacciones que suceden a través de la cadena de bloques con la frecuencia que pueda.

Las carteras móviles son los equivalentes más ligeros de este tipo de carteras de escritorio, y a menudo requieren datos secundarios de un servidor para conectarse a una red antes de que los procesos transaccionales puedan comenzar.

Capitulo Seis: Estrategias de Trading para Ripple

En el capítulo final de este libro, vamos a ver cómo va a ser capaz de obtener algo de sus inversiones. Anteriormente, nos centramos en cómo empezar a operar con Ripple (XRP), mientras que este capítulo trata de enseñarle cómo puede ser estratégico sobre sus inversiones. Después de todo, hay algo que decir acerca de su inversión sólo si vale la pena para usted. Por lo tanto, en este capítulo, vamos a ver maneras en que eso podría ser posible para usted.

Hay dos tipos de estrategias que puede emplear al operar con Ripple. El primero es el trading a corto plazo, que se refiere a la idea de que el trading de divisas en el mismo día o semana - esencialmente, usted no tiene las monedas con usted durante mucho tiempo. Siempre y cuando se asegure de que está trabajando inteligentemente de acuerdo con las fluctuaciones del mercado, usted estará de pie para ganar mucho de tal inversión. El otro tipo de trading es un enfoque más a largo plazo, donde usted no está buscando vender sus monedas inmediatamente, pero en su lugar, elegir mantenerlos hasta que llegue el momento oportuno para que usted pueda venderlo. Esto obviamente requiere que mantenga una conciencia de las ocurrencias actuales en el mercado global para ver cómo podría influir en sus posesiones. Por el contrario, las inversiones a corto plazo requieren que usted se centre activamente en el trading en un corto período de tiempo.

Inversiones a corto plazo con Ripple

Comenzamos esta sección con una breve explicación de la estrategia a corto plazo, y las ventajas y desventajas que puede tener para usted. Por lo tanto, para empezar, las estrategias a corto plazo son aquellas inversiones en las que invierte sumas en Ripple y mantienen esta inversión sólo por un corto período. La duración de esta celebración puede ser en cualquier lugar entre minutos a un par de semanas más o menos. Tenga en cuenta que tal estrategia requerirá una cantidad significativa de esfuerzo en su nombre, ya que constantemente estará monitoreando el mercado para beneficiarse de su volatilidad. Esta volatilidad sólo se puede aprovechar si usted está alrededor para hacerlo, por lo que esta no es la estrategia para usted si prefiere mantener sus posesiones por un tiempo más.

Una cosa que usted necesita tener en cuenta, sin embargo, es el hecho de que mientras que el tiempo que invierte en él es mayor, también tiene la posibilidad de mayores ganancias. Sin embargo, el proceso puede ser en sí mismo estresante a veces, por lo que, usted necesita estar razonablemente seguro acerca de sus habilidades analíticas antes de elegir implementar este tipo de estrategia. De hecho, es una buena manera de generar retornos rápidos, siempre y cuando tenga tiempo para comprometerse con el proceso de manera consistente.

También necesita tener una cantidad moderadamente decente de capital que se beneficiará de las ganancias que obtiene a través de estas fluctuaciones del mercado.

Antes de ir por una estrategia a corto plazo, debe preguntarse si tiene un criterio específico establecido para las inversiones que está realizando. Además, debe intentar decidir de antemano qué porcentaje de ganancia desea como su rendimiento cuando está invirtiendo, y si es práctico esperar tanto. Con qué frecuencia se va a establecer metas para usted mismo , esto es importante porque determina sus metas financieras. ¿Se utiliza mejor el tiempo que va a gastar supervisando el mercado en otro lugar mientras realiza una inversión a largo plazo en su lugar? Trate de responder a estas preguntas, y usted tendrá una idea sobre si la estrategia a corto plazo funciona para usted.

Permítanme seguir adelante y darle un ejemplo de una estrategia de negociación XRP a corto plazo. Considere el caso de la negociación diaria. Debido a que cada criptomoneda tiene una personalidad y vida propia, se vuelve importante establecer estrategias únicas para cada criptomoneda en la que está invirtiendo. Esto significa que la estrategia que tiene para Ripple (XRP) podría no ser la misma que la que tiene para, digamos, Litecoin. Las personas que han estado involucradas con el trading de criptomonedas regularmente comienzan a notar patrones en cómo funciona el mercado y cómo cambian los porcentajes de precios. Por supuesto, es posible que no pueda detectarlos desde el primer momento, pero siempre y cuando tenga sus habilidades analíticas en su lugar, pronto podrá notar estos patrones por sí mismo. Tal vez usted podría comenzar siguiendo una estrategia que alguien más ha recomendado. Luego, una vez que se sienta cómodo con el trading a corto plazo, usted será capaz de analizar y sacar conclusiones por su cuenta. En este punto, puede modificar la estrategia para satisfacer mejor sus necesidades, o incluso llegar a la suya propia en respuesta a los patrones que ve.

Divida el día que está mirando en intervalos de tiempo de su elección. Esto puede ser algo tan corto como cinco minutos, u otros múltiplos de ella. Un intervalo de tiempo común parece ser de quince minutos, ya que estará trazando gráficos basados en esto. Si sientes que es mucho trabajo, ¡no te preocupes! Las plataformas de trading le facilitarán esto. Hay franjas horarias específicas que son mejores tiempos para que usted compre XRP en comparación con otros – ya que hay días específicos que son buenos para esto, así. Trate de asegurarse de que usted compra en la dirección de la tendencia que la corriente parece prevalecer. Por lo tanto, si el precio de XRP está subiendo, es probable que continúe haciéndolo por un tiempo más, que funcionará a través de su beneficio.

Dentro de estas ventanas de oportunidad, usted es, por supuesto, libre de tomar su decisión sobre cuando específicamente, desea buscar para comprar. Usted estará navegando esto después de ganar algo de experiencia acerca de lo que los tiempos parecen funcionar, mientras que otros no. Para vender también, necesita emplear una estrategia que funcione eficazmente para usted. Recuerde que debe buscar para responder a esas preguntas que planteé anteriormente para hacerse una idea de lo que está buscando para obtener de esta inversión. Eso le ayudará a decidir cuándo querrá vender.

Inversiones a largo plazo con Ripple (Comprar y retener)

Las estrategias de inversión a largo plazo son esencialmente lo contrario de las estrategias a corto plazo. Esta estrategia se conoce a menudo como "compra y tenencia", una simple descripción de las tareas involucradas en esta estrategia de inversión. Para lograr esto, primero invertirá en una suma específica de XRP Ripple. Después de esto, usted decidirá que una condición determinada necesita ser satisfecha, o establece este criterio como el de tiempo, y mantener la inversión durante un largo período. Esto podría ser en la escala de varios meses a más de un año. Esto significa que usted está libre de tener que lidiar con la volatilidad que viene con el mercado y puede soportar ganar en el largo plazo de todos modos.

Si usted no está completamente seguro acerca de su capacidad para analizar el mercado técnicamente o cree que carece de las habilidades para hacerlo, es posible que desee ir por esta opción en su lugar. Sin embargo, esa no es la única razón para elegir una estrategia a largo plazo. También puede estar buscando hacer que el proceso de su inversión sea tan simple como sea posible para usted, y comprar y mantener sin complicar el proceso. Además, es posible que no tenga tiempo para monitorear activamente las fluctuaciones del mercado durante todo el día, y solo desea asegurar la inversión para más adelante. En este punto, también debe estar bastante seguro de que su inversión daría sus frutos a largo plazo.

Lo que debe hacerse son varias preguntas, incluso si desea elegir esta opción. ¿Cuándo vas a invertir en Ripple a largo plazo – vas a estar monitoreando el mercado para decidir esto, o será un caso de tu asequibilidad en un momento determinado? Una vez más, ¿en qué valor vas a vender – vas a esperar un período específico, por ejemplo, 18 meses, o vas a venderlo cuando alcance un valor en particular? ¿Se ve a sí mismo aferrándose a esta inversión en Ripple indefinidamente? ¿Cuánto estás dispuesto a perder, en caso de que tu estrategia no funcione? Responder a estas preguntas le hará considerar la inversión tan seriamente como necesita ser tomada – y ayudará a determinar si es realmente la elección correcta para usted.

La estrategia de compra y retención le da la opción de eliminar el ruido del mercado a corto plazo, ya que no tiene que responder a la volatilidad con el mismo sentido de inmediatez. La imagen más grande le mostrará la volatilidad que ve a corto plazo no se traduce tan fácilmente a largo plazo. Además de esto, su análisis de las tendencias más amplias le ayudará a asegurarse de que usted no tiene que preocuparse por un momento perfecto, y no está obligado por las mismas obligaciones que usted podría estar con el trading a corto plazo.

Ahora, no voy a decir que un tipo de estrategia es mejor que el otro - todo depende de cuánto tiempo, inversión, y energía personal que está buscando para poner en el proceso de inversión. Una vez que usted puede responder a preguntas tan importantes, no dudo que usted logrará cantidades razonables de éxito con Ondulación en el período que elija por sí mismo. ¡Por esto, te deseo suerte!

Conclusión

Esto concluye la guía de ondulación (XRP), diseñada para ayudarle a entender todo lo que un principiante necesita saber antes de comenzar a operar con criptomoneda. Gracias, una vez más, por seleccionar este libro, y espero que lo haya encontrado útil y que el libro haya hecho lo que se propuso hacer. Usted no estará mirando las finanzas y la moneda de la misma manera otra vez.

Algunas personas pueden encontrar la idea de entrar en una nueva opción de inversión un poco difícil y pueden estar demasiado nerviosos para dar ese paso. Sin embargo, sólo por el acto de comprar y leer este libro, te has demostrado que estás dispuesto a probar algo nuevo para llegar a donde quieres estar. De hecho, cada viaje exitoso comienza con un solo paso, y ya lo has hecho. Así que, ¡felicidades, la parte más difícil de esto ha terminado!

Traté de estructurar este libro de una manera que equilibra los aspectos teóricos y prácticos de invertir en criptomonedas. Espero que esto le ayude a entender tanto los porqués como los cómo trabajar de Ripple, y le hace mucho más seguro acerca de sus esfuerzos. Una vez que comience a invertir en Ripple, también notará que usted será capaz de ajustar las estrategias de trading para adaptarse a su necesidad - en respuesta a su intuición y análisis técnico. Puede que no empieces allí, pero nadie comienza su viaje como experto. Espero que este libro le da la confianza no sólo para invertir en una criptomoneda en particular, es decir, Ondulación, sino también la fe en sí mismo que realmente puede lograr lo que ha establecido en su mente. ¡Por esto, te deseo suerte!

Resources

https://blockgeeks.com/guides/what-is-cryptocurrency/

https://cryptocrimson.com/xrp-ripple-price-update-18-february-2018/

https://oracletimes.com/ripple-xrp-western-union/

https://ripple.com/company/

https://steemit.com/investment/@quickpenguin/bitcoin-investment-strategy-long-term-hodl-vs-short-term-trading

https://www.coindesk.com/xrp-dichotomy-ripple-price/

https://www.coinspeaker.com/2018/01/12/moneygram-partners-ripple-pilot-ripples-xrp-token/

https://www.coinspeaker.com/guides/what-is-interledger-protocol/

https://www.forbes.com/sites/jessedamiani/2017/12/22/5-reasons-why-the-ripple-price-is-going-up-so-fast-will-the-xrp-surge-continue/2

https://www.forbes.com/sites/panosmourdoukoutas/2018/02/16/what-could-lift-bitcoin-ripple-ethereum-

and-litecoin-prices-back-towards-new-
highs/#4648b8956476

https://www.fxleaders.com/cryptocurrency/cryptocurr
ency-trading-the-buy-and-hold-approach

https://www.nasdaq.com/article/cryptocurrency-
weekly-trading-outlook-bitcoin-ethereum-ripple-
cm904967

www.ingramcontent.com/pod-product-compliance
Lightning Source LLC
Chambersburg PA
CBHW071517210326
41597CB00018B/2796